Cruz Armando González Izaguirre,
Cornelia Giebeler, Edith Otero Quezada, Julia Roth, Nicole Schwabe,
Deniz Topuz, Nakury & Rebeca Lane

8

Serie de materiales escolares
›Aprendiendo sobre entrelazamientos globales‹

Hip Hop y Género

Material educativo para una
Educación no sexista

Publicaciones anteriores de la serie

PIE DE IMPRENTA

Hip Hop y Género. Material educativo para una Educación no sexista

Editor/a
Cruz Armando González Izaguirre, Nicole Schwabe

Autores/as
Cruz Armando González Izaguirre, Cornelia Giebeler, Edith Otero Quezada, Julia Roth, Nicole Schwabe, Deniz Topuz, Nakury & Rebeca Lane

Diseño
Nathow & Geppert

Impresión
2019, kipu-Verlag, Bielefeld
Getragen vom Förderverein InterAmerikanische Studien e.V.
ISBN: 978-3-946507-27-7
E-Book: 978-3-946507-28-4

Página delantera
Foto: Gabriela Cavanagh, Jamie Street on Unsplash, Craig Davis on Unsplash

Serie de materiales escolares ›Aprendiendo sobre entrelazamientos globales‹
Editor de la serie
Center for InterAmerican Studies (CIAS) an der Universität Bielefeld

Dirección
Universität Bielefeld PF 100131
D-33501 Bielefeld

Página web
www.uni-bielefeld.de/cias/unterrichtsmaterialien

Contacto
GlobalesLernen@uni-bielefeld.de

Producido por el proyecto ›Las Américas como Especio de Entrelazamientos‹, financiado por el Ministerio de Educación e Investigación de Alemania (BMBF)

ÍNDICE

CORNELIA GIEBELER Y
CRUZ ARMANDO GONZÁLEZ IZAGUIRRE

1

INTRODUCCIÓN: HIP HOP Y EDUCACIÓN NO SEXISTA.

Enfoque teórico de nuestra propuesta de una enseñanza-aprendizaje no sexista

La serie de materiales educativos ›Aprendiendo sobre entrelazamientos globales‹ es elaborada por un equipo de investigación del Centro de Estudios Interamericanos (CIAS) de la Universidad de Bielefeld. La serie se adscribe al concepto de aprendizaje global, el cual analiza procesos culturales, políticos y nacionales actuales para entenderlos y definirlos más allá de fronteras cerradas y claramente definidas. Teniendo esto en cuenta, se pretende visibilizar procesos que desbordan y transcurren a tráves de esas fronteras. Específicamente se abordan entrelazamientos históricos e intercambios culturales, políticos y sociales que se afectan e influyen mutuamente dentro de cierta constelación de actores y procesos. Esto ayuda a entenderlos como fenómenos que se influyen recíprocamente en vez de considerarlos como temas que se desarrollan aislados unos de otros dentro de fronteras nacionales.

La presente edición de los materiales educativos consiste en una propuesta para visibilizar el Hip Hop como un vehículo para el empoderamiento de las mujeres y la promoción de la educación no sexista. Una educación no sexista se destaca de otros enfoques pedagógicos por la manera de abordar el género. Se vincula directamente con la crítica al sexismo y, por lo tanto, también con la visibilización de procesos de discriminación, sometimiento y violencia contra géneros que han sido desvalorizados socialmente. En este contexto, se entiende el sexismo como parte de un principio estructurador del sistema capitalista, en el cual el género ocupa un eje central para la asignación del trabajo no asalariado y la heteronormatividad constituye un elemento estabilizador de las constituciones sociales.

Mujeres, niñas y personas LGTBQ*[1] son mayoritariamente afectadas por el sexismo, así como también niños y hombres que desafían la normalización de las prácticas de un sistema patriarcal y machista. Entrelazado con ejes de discriminación como raza/etnia, cuerpo y clase, el sexismo conforma un estricto patrón o modelo que legitima el sometimiento. Además, limita el acceso a una vida digna, libre y de autodeterminación, afectando todas las dimensiones de la existencia humana: la corporal, la psíquica y la cognitiva.

Por ello se requiere de un enfoque educativo que tome en consideración estos niveles. La presente propuesta de materiales educativos con respecto al tema del sexismo se dirige a todas estas dimensiones mediante un concepto holístico de enseñanza-aprendizaje; el cual proporciona un enfoque exploratorio, sobre el mencionado tema, a través de todos los sentidos. El Hip Hop permite abordar no solamente de una manera cognitiva al tema, sino a través de diversas modalidades sensoriales tales como: la auditiva, la visual, la táctil o la cinestética[2]. A manera de ejemplo, se ofrecen música, fotos o videos de rap para realizar actividades grupales en los que se activa la cinestesia, lo táctil y las capacidades visuales con los cuales el tema puede ser trabajado de manera integral.

1 LGBTQ* –Lesbiana-Gay-Bi-Trans-Queer entre otros sexos y géneros

2 La cinestesia se refiere en términos generales a la percepción que un individuo tiene sobre su cuerpo. Alude a como las personas perciben su movimiento y las sensaciones que esta percepción genera o evoca.

El Hip Hop brinda la posibilidad de reflexionar –junto al grupo de aprendizaje de jóvenes entre 16 y 18 años– como se expresan diversas formas de sexismo, pero también a visibilizar como diferentes artistas critican estás prácticas y proponen formas más justas de interacción social. El propósito del presente trabajo es que el estudiantado, a través de materiales proporcionados y propios, puedan trabajar el tema y favorecer su intéres para que, de manera independiente, ahonden en la reflexión en torno a la temática del sexismo. Esto es importante porque el Hip Hop, como género musical global que acerca a jóvenes de mundos subalternos, es un medio que transporta tanto al sexismo como a perspectivas feministas; esto permite abordar discusiones sobre representaciones y roles de género, la diversidad sexual o violencia de género.

Abordar al tema a través de diversas modalidades sensoriales significa comprender el Hip Hop –en un nivel físico o corporal– como un proceso cinestético[2] que facilita la reflexión sobre la propia corporalidad y las representaciones de género. La música despierta emociones que hacen posible construir una vía emocional de conocimiento en relación con la música y el canto que puede contrastarse o complementarse con las obras presentadas en este trabajo. Estos elementos (la música, el canto, el texto y el movimiento en los videos de Hip Hop) sumados a la invitación a la producción de un rap propio promueven la capacidad de autoaprendizaje. Además promueven la activación de los sentidos de cercanía y lejanía, pero sobre todo una eficacia personal que permite la accion contra el sexismo, racismo y las otras formas de desvaloración, discriminación, opresión y violencia. Los enfoques metodológicos para realizar este abordaje comprenden el aprendizaje investigativo y cooperativo y la práctica lúdica de acciones alternativas con todos los sentidos, así como el intercambio interactivo de perspectivas.

Teniendo esto en cuenta, el objetivo de la propuesta para las y los jóvenes es desarrollar una sensibilidad que les permita reconocer y develar como las acciones sexistas son naturalizadas en la vida cotidiana pretendiendo ocultar su cárácter de construcciones sociales. Esta estrategia posibilita desarrollar alternativas de acción contra el sexismo y aprender a aplicarlas. Adicionalmente apuntamos a abordar diferentes ejes de discriminación y la forma en que se entrecruzan e interrelacionan (interseccionalidad). Con este enfoque se busca desarrollar una capacidad de comprensión de ›otras‹ discriminaciones, que no son fácilmente entendibles desde la propia subjetividad. Esto permitirá plantear preguntas cómo las siguientes:
¿Qué oportunidades y posibilidades para el acceso a los bienes materiales y simbólicos de una sociedad tiene...

- una mujer blanca, privilegiada y laboralmente exitosa, por ejemplo, en comparación con una mujer marcada por el racismo y clasismo?
- un hombre heterosexual frente a mujeres heterosexuales?
- una mujer u hombre heterosexual frente a personas LGBTQ*?
- una persona marcada por una estructura de poder colonial/racista, por ejemplo una persona indígena, en comparación con personas blancas?

El presente trabajo esta diseñado para el trabajo con jóvenes en la adolescencia que asisten a los últimos años de la escuela secundaria o preparatoria. Al mismo tiempo puede enfocarse a otros espacios educativos (no formales) como proyectos socio-pedagógicos, humanitarios y vinculados a derechos humanos; también pueden ser implementados en educación complementaria extracurricular o instituciones educativas autónomas como la Uniterra y centros educativos andragógicos en México o espacios de la educación popular en Chile, tanto como a centros de educación para adultos (*Volkshochschulen*) y espacios de la educación política extracurricular en Alemania. Se parte de la idea de que las y los participantes pueden provenir de contextos muy diversos de modo que la tematización del sexismo, en especial para las personas en este grupo de edad, implica exigencias muy complejas; por lo tanto, el Hip Hop, y dentro de él el Rap en particular, presentan una excelente oportunidad para trabajar experiencias de vida en todos los niveles del conocimiento sensorial, tanto en lo personal como también a través de diversos posicionamientos en relación al texto, el canto y la corporalidad de las artistas y las obras presentes en este trabajo.

Un tema central de los presentes materiales es favorecer el uso del lenguaje incluyente tanto para nombrar a las personas como para visibilizar las formas en que ellas se apropian y hacen uso del idioma. La forma en que se usa el lenguaje refleja cómo las personas y las comunidades lingüistícas se ven a sí mismas mediante los valores e ideas que proyectan y también lo que ocultan e invisibilizan. Tal como lo establece la UNESCO, »El lenguaje no es una creación arbitraria de la mente humana, sino un producto social e histórico que influye en nuestra percepción de la realidad«.[3] Como algunas autoras apuntan, los idiomas no son un espejo que devuelve una imagen neutra del mundo, sino que ellos expresan las perspectivas de sus hablantes y como las comunidades lingüísticas construyen una representación de la realidad[4]; de este modo, los lenguajes acumulan experiencas que no solo reflejan cierta formas de ver el mundo sino que al transmitir esas imágenes también refuerzan valores e ideas. Como propone Serret, »cuando el lenguaje nombra, inevitablemente delimita, ordena, clasifica y valora; genera significaciones que existen como tales gracias al lugar que ocupan entre otras significaciones«[5].

Teniendo en cuenta estas funciones del lenguaje, en este documento se hace uso del lenguaje incluyente con el objetivo de ampliar las formas de nombrar la realidad social evitando la discriminación o exclusión de las personas basadas en su género o sexualidad. Tanto en el texto como como en las obras citadas se recurre a diversas estrategias para evitar el masculino genérico y el lenguaje sexista. El masculino genérico se refiere la práctica de asumir a los hombres como sujetos referencial del discurso o el sujeto universal que puede englobar a un colectivo, lo cual puede invisibilizar a otras personas. En tanto que el lenguaje sexista se refiere a todas las expresiones que establecen relaciones asimétricas, jerárquicas, inequitativas y de infravaloración de las personas a partir de su sexo.

A lo largo del texto se usarán diversas estrategias para enfatizar la presencia de las mujeres en el Hip Hop y en la sociedad en general, tales como los desdoblamientos los cuales son pares de palabras que buscan hacer visibles tanto a mujeres como a hombres (›las y los estudiantes‹, ›profesoras y profesores‹); sustantivos epicenos que, independientemente de su género gramatical, se refieren a todas las personas (›las personas‹, ›el personal docente‹). Además, se han seleccionado artistas que hacen uso de otras expresiones para apropiarse del lenguaje tales como la arroba (@) o las letra ›x‹ o ›e‹ para construir el plural. Creemos que esto no solo visibiliza a distintos agentes dentro del lenguaje, sino que también muestra como diferentes personas hacen uso y se apropian de su idioma para nombrar su realidad en sus propios términos.

Respecto a los contenidos de los materiales, el primer capítulo, *¿Qué y de dónde es el Hip Hop?: Presaberes e introducción histórica*, aborda el proceso histórico del Hip Hop desmarcándose de un enfoque unilíneal que explica el surgimiento del género desde un solo orígen. Contrario a ello, el apartado propone analizar como la convergencia de diferentes influencias que parten de diversos puntos geográficos han desarrollado diferentes narrativas que circulan desde distintos puntos e historicidades para enriquecer el movimiento del Hip Hop. El objetivo central es mostrar precisamente esta diversidad de aportaciones y favorecer que el alumnado reflexione sobre el proceso histórico de surgimiento del Hip Hop.

Una vez establecido el contexto histórico, los siguientes capítulos abordan desde diferentes enfoques las relaciones de género y su interrelación con el Hip Hop. En el capítulo *Sexismo y contracultura* se exponen diversas representacion de género y se muestra como diversos grupos étnicos se apro-

3 Organización de las Naciones Unidas para la Educación, la Ciencia y la Cultura, ›Recomendaciones Para Un Uso No Sexista Del Lenguaje‹ (UNESCO, 1999), 2.

4 María Luisa Calero, ›Del Silencio Al Lenguaje (Perspectivas Desde La Otra Orilla),‹ in En Femenino y En Masculino (España: Instituto de la mujer, 1999), 6

5 Estela Serret, El género y lo simbólico: la constitución imaginaria de la identidad femenina, Instituto de la Mujer Oaxaqueña Ediciones. Serie estudios de género (Oaxaca, México: Instituto de la Mujer Oaxaqueña, 2006), 28.

pian de dichas representaciones. Los objetivos centrales son exponer en primera instancia las manifestaciones sexistas dentro del rap y después mostrar expresiones dentro del mismo género que se oponen a esas prácticas sexistas y proponen un discurso diferente. Este análisis se refiere no sólo las letras sino a la expresión corporal y la música en su dimensión rítimica. Esto favorece un primer acercamiento a como el Hip Hop se ha articulado a distintos rítmos en la región como es el caso de la cumbia.

El capítulo *Hip Hop y el uso del lenguaje* busca exponer como las raperas se apropian del lenguaje para transmitir sus mensajes utilizando el Hip Hop como vehículo para denunciar la violencia de género. El capítulo expone como el Hip Hop no sólo se constituye en una plataforma de denuncia, sino como las raperas elaboran y transmiten un discurso propio de afirmación individual y colectiva sobre temáticas relacionadas a su empoderamiento y diversos problemas en la región. Específicamente se expone como distintas raperas desarrollan una crítica al machismo y a los roles tradicionales de género, denuncian la violencia de género, promueven el respeto a la diversidad sexual y el empoderamiento de las mujeres.

El capítulo *Hip Hop e imágenes* hace enfásis en la parte performativa y visual de las identidades de género presentes en el Hip Hop. La propuesta busca problematizar las ideas socialmente naturalizadas sobre la dualidad masculino/femenino. La selección de imágenes se hizo con la intención de contraponer y representar lo más posible diversas identidades que van más allá de dicha dicotomía. Con ello se pretende favorecer una discusión que reflexione de manera crítica sobre la dualidad masculino/femenino y visibilizar las formas en que el género es negociado socialmente y los estereotipos relacionados a este proceso.

El último capítulo, *La música es para todxs!* interconecta los contenidos vistos en las los capítulos anteriores y expone a tráves de videos y de manera práctica como hacer un Rap. La serie de 6 videos expone como el Rap sirve de caja de resonancia para expresar diversas luchas sociales, entre ellas los derechos de las mujeres en diversos ámbitos sociales. La idea es favorecer el acercamiento del alumnado a la dimensión creativa del Hip Hop y motivarles para que, en caso de tener interes en ello, elaboren un rap propio.

EDITH OTERO QUEZADA Y JULIA ROTH

2

¿QUÉ Y DE DÓNDE ES EL HIP HOP?: PRESABERES E INTRODUCCIÓN HISTÓRICA

2.1. Introducción

Sin lugar a duda, el Hip Hop es un movimiento cultural que ha tenido un impacto a nivel mundial atrayendo a gran cantidad de jóvenes tanto por su apuesta artística, escénica hasta la forma explícita de sus letras que puede emplearse para el reforzamiento de estereotipos de ciertas realidades sociales hasta ser usado como una forma de protesta social.

Teniendo en cuenta esto, el siguiente material pretende indagar en diferentes elementos del Hip Hop. En particular, este acápite aborda una breve descripción de la historia de este movimiento, precursores y precursoras, elementos que lo integran, convergencias entre diferentes puntos geográficos, entre otros.

2.2. Presaberes (20–30 minutos)

Indicaciones para el personal docente: La siguiente actividad tiene como finalidad explorar los presaberes que tiene el estudiantado sobre el Hip Hop.

Indicaciones de la actividad

Aspectos esenciales del proceso de interacción	Forma de socialización	Medios	Explicaciones didácticas
1. Se les presentara al estudiantado una serie de preguntas que deben ser contestadas y discutidas en grupos. 2. Cuando los grupos hayan contestado las preguntas deberán exponer sus respuestas y a partir de esto generar reflexiones colectivas.	Grupos (3–5 personas)	Papelógrafo o pizarrón. Marcadores	1. El cuerpo docente presentará las preguntas a partir de las cuales se trabajará una lluvia de ideas sobre la temática. Durante la primera parte del ejercicio es importante que el profesorado señale al estudiantado que los conocimientos que se generan en esta primera etapa son esenciales para el enfoque constructivista de la clase; es decir, que no existe un parámetro de validez en el conocimiento que se produzca pues este es construido por/con/desde los y las estudiantes. 2. En la segunda parte del ejercicio, el rol del o la docente será sistematizar en la pizarra o en un papelógrafo las ideas del estudiantado. Asimismo, esta o este debe de moderar la discusión. Es importante mencionar que estos presaberes serán discutidos al final del módulo y se reflexionará sobre los nuevos aprendizajes que se construyeron a nivel colectivo.

Actividades para el alumnado

Conteste según su opinión, comente y responda en grupo las siguientes preguntas.

1. ¿Qué es el Hip Hop?
2. ¿De dónde viene?
3. ¿Qué palabras, sentimientos, imágenes se te vienen a la mente cuando se habla de este tema?
4. Para ti, ¿qué es lo que expresa o qué mensaje tiene el Hip Hop?

2.3. Mapeo colectivo del Hip Hop (30 minutos)

Indicaciones para el personal docente: La siguiente actividad tiene por objetivo explorar los diferentes orígenes e influencias que tiene el Hip Hop, es decir verlo como movimiento cultural/artístico que contiene una diversidad de expresiones, contextos y usos.

Indicaciones de la actividad

Aspectos esenciales del proceso de interacción	Forma de socialización	Medios	Explicaciones didácticas
1. El estudiantado formará grupos y realizarán cuatro actividades: 1.1 Dibujar un mapamundi (se debe de tomar como ejemplo el mapa presentado en este acápite)[1]. 1.2 Después los grupos deben leer y discutir las imágenes con la información presentada en las páginas siguientes del dossier. 1.3 Las imágenes o nombres de las imágenes se colocarán en los puntos del mapamundi que el grupo considera que reflejan puntos de origen o trayectorias importantes para el Hip Hop. 1.4 Por último, se procederá a colocar de manera paralela los diferentes mapas creados por el estudiantado en algún lugar del aula de clase que sea visible para todos y todas y se procederá a una discusión grupal de los resultados generados.	Grupos (3–5 personas)	Mapamundi Dossier Papelógrafo	1. la intencionalidad del ejercicio es visualizar los imaginarios sociales que tiene el estudiantado mediante la elaboración de los mapas. Para ello, se debe se hace uso de la construcción de un mapeo colectivo elaborado a partir de la discusión grupal del estudiantado con el objetivo de romper con las dinámicas tradicionales de enseñanza-aprendizaje, priorizando de esta manera el aprendizaje colectivo desde/por los y las estudiantes. 2. Cabe señalar, que si bien en esta actividad no se dan las respuestas sobre los orígenes de los y las diferentes artistas e influencias del Hip Hop. En la actividad posterior se esclarece este aspecto.

[1] A este mapa se le conoce como ›mapa invertido‹. El uruguayo Joaquín Torres-García creó el primer mapa de este tipo en 1943 como una forma de impulsar la idea de que el arte latinoamericano debía encontrar sus propios referentes. Hoy en día, su uso se ha expandido como una forma de crítica o protesta contra las desigualdades sociales que se generan a nivel global y como una forma de reivindicar las historias y culturas de los países así llamados ›subdesarrollados‹.

Actividades para el alumnado

A continuación, se les asignará un papelógrafo, en el cual dibujaran un mapa mundi. Luego, ordenarán las fotografías que se les presentan en las siguientes páginas. Discutan y acuerden en grupo la mejor manera de localizar en el mapamundi las fotografías que contienen imágenes tanto de precursores y precursoras, artistas o elementos del Hip Hop.

Fuente
nathow & geppert

Discutan en plenaria las siguientes preguntas:

1. ¿Qué tienen en común los mapas presentados por los distintos grupos?
2. ¿Qué los diferencia?
3. ¿Qué aspectos les llaman más la atención?
4. ¿Por qué ordenaron las fotografías de esa manera? ¿Cambiarían el orden?

British Library. 1892. ›File:Pg091 Rencontre de deux griots.jpg‹. Wikimedia Commons. https://commons.wikimedia.org/wiki/File:Pg091_Rencontre_de_deux_griots.jpg

Los Griot o Jeli eran narradores de historias. Utilizaban la poesía y la música para relatar dichas historias dando así centralidad a la tradición oral de sus pueblos. Estos son considerados algunos de los precursores del Hip Hop por el uso de la oralidad como forma de expresión. Los Griot también hacían uso de la improvisación en el contenido de sus letras.

The Come Up Show. 2014. ›File:Lauryn Hill – 2014.jpg‹. Wikimedia Commons. https://commons.wikimedia.org/wiki/File:Lauryn_Hill_-_2014.jpg?uselang=de

Lauryn Hill (1975) es una rapera, actriz y productora. Empezó su carrera en el grupo The Fugees y luego, en 1998 como artista en solitario. Ha ganado 8 veces el premio Grammy. Su música combina estilos que abarcan el rap, neo-soul y el reggae. Asimismo, Hill ha combinado su carrera con el activismo, involucrándose en proyectos relacionados con las y los refugiados.

TravelingMan. 2008. ›victoria santa cruz‹. Flickr. https://www.flickr.com/photos/travelingman/2254115572/in/album-72157594520362988/

Victoria Eugenia Santa Cruz Gamarra (1922–2014) es una activista, compositora y coreógrafa. A la edad de siete años experimentó por primera vez el racismo lo cual posteriormente la impulsó a crear su famoso poema ›me gritaron negra‹, donde denuncia el racismo y lo estándares de belleza occidentales. En la comunidad del Hip Hop este poema es considerado una manifestación del tipo de narrativa que propone el género, mezclando la lírica con la protesta social.

Lpleiva. 2015. ›File:Rebeca Lane.jpg‹. Wikimedia Commons. https://commons.wikimedia.org/wiki/File:Rebeca_Lane.jpg

Rebeca Lane o conocida como Miss Penny Lane (1984), es una socióloga, rapera feminista y anarquista. Rebeca utiliza el rap como una forma de protesta y para crear consciencia sobre temas sociales como el sexismo, derechos de las mujeres y otros más relacionadas a la historia de su país como es la memoria histórica, la guerra y desaparición forzada.

Bigtimepeace. 2009. ›File:Herc on the Wheels of Steel.JPG‹. Wikemedia Commons. https://commons.wikimedia.org/wiki/File:Herc_on_the_Wheels_of_Steel.JPG?uselang=de

DJ Kool Herc o Clive Campbell (1955) es un músico, DJ y productor conocido como uno de los fundadores del Hip Hop en la década de los 70'. Este artista junto con otros DJs como Afrika Bambataa empezaron a emplear el Hip Hop para ambientar las fiestas en sus barrios, crean do de esta manera el breakbeat.

DJ Kool Herc recibió gran influencia de otros géneros musicales como el Funk, música disco, jamaiquina, entre otros.

Coghlan, Michael. 2015. ›Multi-Phonic Sound System‹. Flickr. https://www.flickr.com/photos/mikecogh/16561006529

Sound System hace referencia a un extensivo grupo de sonido utilizado por lo general por DJs para ambientar las fiestas.

El concepto como tal se desarrolló en la década de los 50' y estaba compuesto por generadores, tocadiscos y altavoces gigantes, los cuales eran transportados en un camión o furgoneta.

©Jeremy Mines Studio

Obsesión (1996) es un grupo conformado por Alexey Rodríguez y Magia López. Su música mezcla influencias del Caribe, del funk, jazz, etc.

Este dúo combina la música con su activismo, participando en proyectos para el mejoramiento de las condiciones de vida en barrios marginales, la lucha contra el racismo, entre otros.

TZ MP3 MEDIA. 2019. ›Download Audio | Rosa Ree – Asante Baba‹. Flickr. https://www.flickr.com/photos/tzmp3media/46181833784

Rosa Ree o Rosary Robert (1995) es una cantante, rapera y compositora conocida como ›la diosa del rap‹. Esta rapera ha logrado incorporar una diversidad de estilos e influencias desde el estilo gánster de la costa oeste, New York, Tanzania, Sudáfrica, entre otros.

2.4. Contextos, orígenes y usos del Hip Hop (40 minutos)

Indicaciones para el personal docente: El objetivo de esta actividad es que el estudiantado pueda tener un acercamiento con los diferentes contextos en los que emerge el Hip Hop.

Indicaciones de la actividad

Aspectos esenciales del proceso de interacción	Forma de socialización	Medios	Explicaciones didácticas
1. A cada grupo se le asignará un segmento de la historia del Hip Hop, el cual deben leer y discutir de manera grupal. 2. Luego de la discusión grupal, cada grupo elegirá un o una representante que expondrá los resultados principales de la discusión.	Grupos (3–5 personas)	Dossier y pizarrón	1. La intención es visibilizar que el Hip Hop está conformado por muchas trayectorias con lo cual se intenta problematizar narrativas unilineales sobre el desarrollo del género. Para esta actividad el profesorado apoyará en 3 actividades esenciales: • Distribuir de manera aleatoria diferentes segmentos de la historia del Hip Hop. • Ayudar a sintetizar en la pizarra los diferentes elementos expuestos por los grupos de discusión. • Moderar la discusión sobre los resultados emergentes, priorizando que se expongan y debatan las diferentes interpretaciones del estudiantado.

Actividades para el alumnado:
visibilizando las diferentes trayectorias del Hip Hop

1. A continuación, le presentamos pequeños extractos de la historia del Hip Hop el cual debe ser discutido con base en las preguntas presentadas al final de los extractos. Luego, se elegirá un o una representante del grupo que expondrá brevemente los principales elementos que emerjan de la discusión grupal.
2. Contesten en grupo las siguientes preguntas:
   - ¿Qué elementos les llaman la atención?
   - ¿Qué elementos y personas faltan y por qué?
   - ¿Qué pasaba en esta época en su país y en América Latina?
   - ¿Consideramos que el Hip Hop tuvo o pudo haber tenido una influencia?

Extractos de la historia del Hip Hop:

1. El movimiento de arte y cultura Hip Hop emergió en los años 1970 en el barrio de Nueva York del Bronx. **DJ Kool Herc** de origen jamaiquino se considera uno de los pioneros ya que organizó la primera fiesta de Hip Hop a finales de 1973. Asimismo, jóvenes migrantes del Caribe empezaron organizar eventos en las calles y luego en clubs como una forma de expresarse ante la difícil situación política y social que enfrentaban en sus países de origen y particularmente como migrantes en Estados Unidos. Los pioneros y las pioneras del Hip Hop como DJ Kool Herc, Afrika Bambaataa, MC Sha Rock o Roxanne Shanté querían ofrecer a través de este movimiento cultural una alternativa a la difícil vida que experimentaba esta juventud.
2. Los y las primeros artistas de Hip Hop incluyeron elementos de otras partes y otras culturas. Por ejemplo, **DJ Kool Herc** trajo el **sound system** de Jamaica (de donde viene su familia), y Afrika Bambaataa utilizó formas afroamericanas y africanas de contar historias y hacer música, entre ellos el juego de palabras y la repetición, elementos de la poesía y el spoken

word, el jazz, el blues y el Reggae. Es así, que podemos decir que el Hip Hop es una cultura de múltiples orígenes que se entrelazan.

3. Es importante mencionar que si bien, las primeras expresiones más visibles del Hip Hop se gestaron en Estados Unidos, históricamente en África ya se practicaban formas de narrar historias similares. Los llamados **Griots** originarios de países de África del Oeste, por ejemplo, cuentan historias de manera muy rítmica, acompañados por tambores. Hoy en día, son más visibles las conexiones de estas dos regiones en artistas mujeres como **Rosa Ree** de Tanzania, la cual combinan diversas influencias.
4. **Afrika Bambaata** (Bronx, New York) formó el grupo Universal Zulu Nation. Al comienzo, los y las artistas usaron el Hip Hop como forma de resistencia a la discriminación y opresión dentro de sus comunidades y las fiestas como alternativa a las pandillas. En sus principios, el Hip Hop también se practicaba como evento en vivo en fiestas con **MCing (rapear), DJs, breakdancers, grafiteros y grafiteras.**
5. En la década de los 80', fue con la grabación y comercialización de la música que se empezó a priorizar sobre todo el rap cuando se hablaba del Hip Hop. Cuando se hizo más comercial, emergieron formas como el llamado **Gangsta Rap** en el que se idealiza o se refuerza la violencia y el sexismo. Al mismo tiempo, el Hip Hop viajó a muchos lugares distintos en los que jóvenes de comunidades marginalizadas lo empleaban para expresar sus experiencias y sus resistencias.
6. En Cuba, por ejemplo, a los principios de los años 2000, se formó un movimiento grande de Hip Hop dentro de la juventud afrocubana. En esta época, la isla se abrió después del fin de la Guerra Fría y la relación estrecha con la Unión Soviética. En este contexto llamado ›período especial‹ Cuba sufrió una crisis económica con fuertes carencias. También, se empezó a cuestionar el éxito total de la Revolución Cubana. Artistas como el **dúo Obsesión** trataban de señalar las diferentes problemáticas que atravesaba la isla, especialmente las estructuras racistas que seguían existiendo. Además, se formó un fuerte movimiento de mujeres afro dentro del Hip Hop cubano, las cuales siguen siendo importante para el feminismo y el antirracismo en este país.
7. En Centroamérica, el Hip Hop empezó a tener mayor auge a partir de la década del 90'-2000', en parte con ayuda de la gran comercialización de la música que se da en este período. Esta empieza a ser utilizada por diferentes sectores de la sociedad (jóvenes, maras, etc.) como una forma subversiva y/o contestaria frente al contexto sociocultural y político al que se enfrentaban en esa época. Es importante señalar, que en las décadas de los 70'-80' Centroamérica como región atravesó una historia marcada por dictaduras, guerras, violencia, desaparición forzada y fuertes flujos de migración especialmente a Estados Unidos. Por lo que la juventud empezó a utilizar el Hip Hop y sus diferentes elementos (rap, djing, break dance y graffiti) como una forma de problematizar y expresarse sobre las problemáticas mencionadas anteriormente.

   En años recientes, es cada vez más frecuente el uso del Hip Hop (especialmente del graffiti y rap) como una forma de hacer consciencia sobre las problemáticas de género, medio ambiente, de comunidades indígenas, entre otros. Asimismo, es cada vez más común ver mujeres rapeando como por ejemplo: **Rebeca Lane (Guatemala), Mafe Carrero (Nicaragua) y Nakury (Costa Rica).** Estas artistas mezclan el rap con su activismo por los derechos de las mujeres y las comunidades indígenas.
8. En Alemania, se formaron grupos de Hip Hop de jóvenes migrantes al final de la década de los 80' y al principio de los 90'. Entre ellos, el grupo **Advanced Chemistry** fue formado en el 1987 por jóvenes afro-alemanes (uno de origen Haitiano). En 1992, Advanced Chemistry publicó su canción ›Fremd im eigenen Land‹ (ajeno en el propio país) donde abordaban el racismo que ellos y ellas experimentaban en Alemania. Este grupo participó en el Zulu Nation creado por Afrika Bambaataa.

2.5. Cierre (20–25 minutos)

Indicaciones para el personal docente: El objetivo de esta actividad es hacer un cierre del módulo y generar una reflexión de los conocimientos colectivos generados por el estudiantado.

Indicaciones de la actividad

Aspectos esenciales del proceso de interacción	Forma de socialización	Medios	Explicaciones didácticas
1. Se responderán y discutirán de forma general las preguntas de cierre 2. Se solicitará a los y las estudiantes volver a los mapamundis elaborados previamente y señalar con flechas las nuevas conexiones que visualizan a partir de lo visto y discutido en clase.	Grupal	pizarrón mapas mundi marcadores	El cuerpo docente presentará las preguntas de cierre y moderará la discusión.

Actividades para el alumnado

Responde las siguientes preguntas de cierre

¿Qué nuevos elementos ha aprendido del Hip Hop?
¿Qué temas/problemáticas les llaman la atención del Hip Hop?
¿Qué región o que artista le parece particularmente interesante? ¿Por qué?

CORNELIA GIEBELER

3

SEXISMO Y CONTRACULTURA

3.1.

Introducción

El Hip Hop permite descubrir diversas imágenes relacionadas al género. Raperas y raperos juegan con diversas representaciones de género que se conectan con su pertenencia a diversos colectivos y grupos étnicos, lo que les permite mostrar distintos atributos y formas de expresar la masculinidad y feminidad. Esto ocurre no solo a través de su expresión corporal, sino por medio de la música misma y las letras. Por ello, en esta sección le solicitamos que escuche, observe y lea las letras de diferentes artistas y elabore desde su perspectiva personal qué es lo que ha entendido en cada caso. La intención es visibilizar desde una perspectiva crítica la violencia de género y reflexionar sobre formas asertivas de cambiar dichas prácticas en el Hip Hop.

3.2. Presaberes (15–25 minutos)

Indicaciones para el personal docente: El objetivo de esta actividad es analizar de forma crítica la violencia de género presente en el Hip Hop. Para ello, se presenta el caso de un rapero alemán que ha generado polémica por el contenido de sus letras. El ejemplo sirve de punto de partida para que el alumnado comparta otros ejemplos de letras que, desde su perspectiva, promueven el sexismo y la violencia de género. Al contrastar el ejemplo propuesto y las experiencias que el alumnado comente en el grupo, se abre la posibilidad de visibilizar el sexismo y la violencia de género en las letras de Hip Hop y así discutir sus causas y efectos. Además, se puede generar un espacio de reflexión sobre la normalización de esas formas discriminatorios de expresión y da la oportunidad al alumnado de explorar de forma creativa posibles propuestas para generar cambios en el género musical.

Indicaciones de la actividad

Aspectos esenciales del proceso de interacción	Forma de socialización	Medios	Explicaciones didácticas
1. Formen grupos y lean el texto sobre Kollegah und Farid Bang. 2. Discutan en grupo que términos y fragmentos de otras canciones de Hip Hop que conozcan donde según su opinión, se promueve la violencia sexista o la discriminación en términos parecidos al ejemplo. 3. Llenar la tabla con otros dos ejemplos de letras que, de acuerdo con la opinión del grupo, promueven el sexismo y la violencia de género. 4. Una vez que hayan llenado la tabla, discutan entre las personas integrantes del grupo posibles estrategias o pasos para incidir en el cambio del uso del sexismo y la violencia de género en las letras de Hip Hop.	Grupos (3–5 personas)	Papel y medios para escribir	El personal docente favorecerá que el alumnado contraste letras de artistas de otras regiones con artistas que conoce, permitiendo así que las personas participantes visibilicen pautas comunes y expresiones normalizadas de la violencia de género. Después de identificar esas formas normalizadas de violencia, el personal docente motivará al estudiantado a imaginar soluciones creativas para revertir ese tipo de prácticas. Con esto se fomenta un papel proactivo contra la expresión de formas de discriminación basadas en el género.

Actividades para el alumnado

1. Formen equipos de trabajo y lean el siguiente texto sobre la polémica generada por el contenido de las letras de un artista de Hip Hop alemán.
2. Cuando hayan terminado de leer el texto, se les solicita que completen la tabla de abajo con fragmentos de canciones de Hip Hop que ustedes conozcan y consideren discriminatorias, violentas o sexistas. Discutan sobre los ejemplos de canciones y justifiquen su decisión tratando de visibilizar las expresiones que limitan las libertades y promueven la violencia. Expresen su opinión con respecto a las letras analizadas.

Fuente https://upload.wikimedia.org/wikipedia/commons/1/19/Kollegah-8.jpg

Kollegah

En el Hip Hop alemán ha surgido la pregunta de si la violencia y el sexismo en sus letras pueden considerarse arte o si ese tipo de títulos y letras deben prohibirse. Por ejemplo, Kollegah y Farid Bang recibieron el premio ›Echo‹ por su música. Como resultado, muchos otros músicos han devuelto sus premios y se han distanciado de los dos. A continuación, pueden leer a manera de ejemplo un fragmento de una canción de Kollegah y Farid Bang:

»Sí, por lo general me comunico con las perras solo recibiendo mamadas. Sí, perra, así que no provoques, de lo contrario será sangriento como la mordedura de un cocodrilo. Sí, el único lugar donde las perras deberían desarrollarse es la clínica de Botox«. –fragmento de ›Gamechanger‹ de Kollegah & Farid Bang[1]

1 www.stuttgarter-zeitung.de/inhalt.debatte-um-kollegah-und-farid-bang-demuetigung-als-system.html

Pasajes/fragmentos de textos discriminatorios	**Promueve el sexismo**	**Promueve la violencia**
Ejemplo 1: (Canción, artista y fragmento) »Sí, por lo genral me comunico con las perras solo recibiendo mamadas. Sí, perra, así que no provoques, de lo contrario será sangriento como la mordedura de un cocodrilo. Sí, el único lugar donde las perras deberían desarrollarse es la clínica de Botox«. –fragmento de ›Gamechanger‹ de Kollegah & Farid Bang	si	si
Ejemplo 2:		
Ejemplo 3:		

3.3. Crear un panel de discusión (20–30 minutos)

Indicaciones para el personal docente: La siguiente actividad tiene por objetivo discutir las posibles estrategias propuestas en la actividad anterior para incidir en la reducción en el uso de expresiones sexistas o basadas en la violencia de género en el Hip Hop. Este tipo de propuestas puede ir desde desaconsejar el consumo de música que promueva estas prácticas, hasta medidas coercitivas como la prohibición por parte de las autoridades correspondientes de la difusión de este tipo de música. Es importante que en este contexto el alumnado reflexione sobre el derecho a la libertad de expresión de las y los artistas y de ese modo pueda discutir sobre la complejidad de la temática. Específicamente, se busca discutir los aspectos negativos y positivos de una posible prohibición de los discursos de odio.

Indicaciones de la actividad

Aspectos esenciales del proceso de interacción	Forma de socialización	Medios	Explicaciones didácticas
1. Se forman dos grupos de acuerdo a las dos posiciones: pro y contra la prohibición de canciones que promuevan la violencia de género y el sexismo. 2. Se elige a una o dos personas por grupo para intercambiar puntos de vista con las personas representantes de la postura opuesta. Cada representante intervendrá por turnos y tendrán el mismo tiempo para expresar sus argumentos. 3. Cierre del panel (últimos 5 minutos): cada quien hace una última intervención resumida en una frase sin juzgar las intervenciones de otras personas.	Panel de discusión	Pizarra	1. Durante la discusión la persona docente escribe los argumentos en el pizarrón hasta que dejen de surgir nuevos argumentos a favor y en contra de ambas posturas. 2. Es importante que el personal docente haga énfasis en el respeto y reconocimiento que ambos grupos deben tener hacia los derechos, posturas y argumentos de la contraparte, pues de este modo se promueve la cultura del diálogo.

Actividades para el alumnado

1. En esta actividad se les solicita que formen dos grupos y discutan en un panel **los pro y los contra de una posible prohibición de los discursos de odio** (usen como ejemplo los fragmentos analizados de canciones de rap y Hip Hop que promueven la violencia, la discriminación y el sexismo).
2. El personal docente moderará la actividad bajo la siguiente pregunta guía: ¿Deben prohibirse las canciones con contenido sexista o que promueven la violencia de género? ¿Por qué?

3.4. Feminismos y género en el Hip Hop: música, texto y performance en una propuesta feminista y otra de etno-rap (20–30 minutos)

Indicaciones para el personal docente: Violencia y género, feminismo y roles de género están vinculados de diferentes maneras. Uno de los aspectos que generalmente se deja de lado en analizar estas relaciones es la forma en que la música apela y transmite sentimientos además del vínculo entre músca y la expresión corporal. Por ello, en esta actividad se le solicita que preste atención a la música de manera separada a la letra con el objetivo de centrarse en la diversidad de ritmos que se entrelazan con el Hip Hop.

Indicaciones de la actividad

Aspectos esenciales del proceso de interacción	Forma de socialización	Medios	Explicaciones didácticas
1. El alumnado escuchará en grupos una canción (una o dos veces) y se concentrará en la música. 2. Las personas integrantes del grupo compartirán sus percepciones en voz baja dentro del grupo y después expondrán las diversas interpretaciones al resto del alumnado.	Equipos (3–5 personas)	Internet/ computadora, o equipo que pueda reproducir audio.	1. El personal docente preguntará al alumnado sobre sus impresiones producto de haber escuchado la canción que escogieron y preguntará a las personas integrantes del grupo su percepción sobre los elementos visuales y auditivos que les parecieron importantes. Es importante hacer énfasis en los distintos tipos de música regional que se articulan con el Hip Hop y las interpretaciones que el alumnado pueda hacer de esta mezcla.

Actividades para el alumnado

1. Formen equipos de 3 a 5 personas y seleccionen dos canciones de Hip Hop en las cuales se aborden temas de género y que el ritmo les agrade (Busque en los medios pertinentes para reproducir las canciones). Si es posible, busquen una canción que use o articule ritmos tradicionales latinoamericanos o elementos musicales propios de la región. También pueden utilizar las dos canciones que se encuentran abajo a manera de ejemplo. Cuando escuchen las canciones escribean rápido lo que les viene a la mente sin pensar en términos como ›falso‹ o ›correcto‹. Después cada quien comparte una frase que haya escrito y el grupo hace una síntesis de lo que percibió para compartirla con el resto del alumnado.
2. Después de escuchar las canciones contesté las siguientes preguntas y participe de la exposición en grupo de las interpretaciones que hicieron de la música y la letra:
   1. ¿Qué les llamó la atención de lo que oyeron?
   2. ¿Cómo describen la música?
   3. ¿Qué entendieron de los textos?

Opciones de canciones

Ejemplo 1.
Caye Cayejera –Una artista feminista que rapea en contra del feminicidio.

Foto: Diego Bolaños

Canción recomendada: Sangre viva[1]

Ejemplo 2.
El Ethnorap de Juchirap[2], un grupo de rap zapoteco que define la identidad étnica en conexión con la elección de género.

Foto de Wikimeida commons
https://upload.wikimedia.org/wikipedia/commons/3/33/Juchirap.jpg

Canción recomendada: LDXIDUA RIPAPA

Ladxidua ripapa,
ladxidua ripapa,
lade ti Bacaanda,
lade Iraa' (guiraa') nii Napa'

Ladxidua ripapa
Lú' ti bacaanda Gupa'
Biya' juchitan
casi ti Ba'dudxapa

Ti Ba'dudxapa guete'
Bisuudi' Ma qui Gapa',
ti Ba'du Xcuidi Hruuna
Tanguyú ma qui zapa'

Guupa na', Guupa lii
ante chelu' Ba'dudxapa,
Biya na', biya lii
ante chelu' juchiteca

Mi corazón se acelera
mi corazón palpita
entre sueños que yo tengo
mi cultura les grita

Mi corazón palpita, en un
sueño se agita cultura
juchiteca me da miedo
que ya no existas

Tu mujer del sur
ya no vistes tus trajes,
tus hijos ya no conocen
tu cultura y tu lenguaje

El paso de los tiempos
nos dejaron personajes,
los pasos se olvidaron
y borraron los paisajes

Hrietenaladxe'
Hriree Hrushooñe,
quiiba' ti carreta,

Hrietenaladxe' jñaa
vida Hruni Gueta
Hrietenaladxe' ti
Huadxí Cuuba Ndani'

Xhiga gueta juchitan
Bibigueta, Bibigueta juchiteca.

Mi corazón vuela
y se exalta por ti,
yo soy juchiteco
y me siento feliz,

Hip Hop Ma shadxí
Cayate' pur lii

Guda' Hrari'
Chiguundanu' Caadxi' free

Yo solo quiero sonar
en tu bocina, ser original
como lo es pancho tina
yo quiero que me escuches
y que te llegue a gustar,
buena melodía como el son
regional

Es que mi tierra me dejo un
legado,
cantante zapoteco
como hebert rasgado
me llamo cosijopii
un rey zapoteca,
Biniibi' xanuu' biniibi' Guisu
teca

Si estas conmigo yo hare
que te respeten
bailaremos la llorona
y pretrona de Neza guete'
juchitan te entrego el corazón,
esto se extingue cuando se
muera el sol

Amo a esta tierra es por eso
que estoy aquí,
amo a su comida como
gueta suquí
saben porque a juchitan yo
lo quiero?
porque voy en el centro, me
dicen totopo gueroo!

Aquí no discriminamos
como eres tu,
puedes ser muxe ngola y si
quieres Nguiiu
en mi juchitan es donde
me hallo,
hay diversión y fiestas
en mayo

Hay velas, regadas, toreadas
y muchas cosas,
juchitan es la tierra de
mujeres hermosas.

Es un lugar hermoso
en todo su esplendor, de la
mujer mas bonita, el
hombre mas trabajador

Cuando vengas aquí,
veras que tengo razón,
podrás marcharte
pero en juchitan se queda tu
corazón

Pues en las velas
es guayabera y cartón
y en las tlayudas es
envolverse con su sabor
es deleitarte con el viento,
enojarte con el calor,

En esta ciudad no hay mucho,
pero nos sobra el amor
también cultura, y tradición,
dime que quieres que te
cuente,

De regadas, robar novias
o del 5 de septiembre estar
en juchitan, son mariposas
en el vientre, pues aunque no
nací aquí, amo a esta tierra
caliente.

Pancho Tina: nombre artístico de Francisco Toledo Alonso, músico de Unión Hidalgo (Rancho Gubiña).

Son del Istmo: la música regional de los zapotecas

Herbert Rasgado: músico juchiteco.

Petrona de Neza Guete': canción escrita por Cesar López

Totopo: tortilla seca blanca de la región, que dura hasta más que un año y acompaña las mujeres viajeras por sus ventas en otras regiones como la Ciudad de México, hasta Estados Unidos, Guatemala etc.

Totopo Güero: gente con piel clara

Muxe: tercer sexo en el Istmo. Dentro del Muxe hay una gran variedad de estilos de vida.

Foto 1:
Isidro Martínez Robles, Muxe juchiteco, bordador conocido.

Foto 2:
Una ›Vela‹ –fiesta de noche. Las Velas juchitecas son fiestas de cooperación para miles de personas. Tardan tres o cuatro dias y implican una serie de rituales.

Foto 3:
La ›regada‹ –un día de las 26 Velas grandes hay un desfile.

Fotos: Cornelia Giebeler

3.5. Evaluación y cierre de la actividad (15-20 minutos)

Indicaciones para el personal docente: El objetivo de la última sección es reflexionar sobre las ideas que surgieron de esta actividad y visibilizar los conocimientos adquiridos o generados en el bloque. Particularmente como el Hip Hop se puede constituir en una canal para denunciar la violencia de género y expresar la diversidad cultural en el marco de las relaciones de género. Finalmente, un aspecto central es también analizar como diversas influencias musicales se mezclan con el Hip Hop y así generan formas particulares de practicar dicho género musical.

Indicaciones de la actividad

Aspectos esenciales del proceso de interacción	Forma de socialización	Medios	Explicaciones didácticas
1. El alumnado contestará una serie de preguntas divididas por colores y que corresponden a: lo aprendido, lo que complementa algo que ya conocían y lo que les gustó. 2. El alumnado pegará sus respuestas en un lugar visible en el aula y luego discutirá en plenaria sus percepciones sobre los temas tratadas.	Individual	Dossier y pizarrón	El personal docente recolectará los tres tipos de papeles y los pondrá en la pared para facilitar que el alumnado reflexione sobre las actividades realizadas en el módulo. Es importante remarcar los aspectos relacionados a la violencia de género dentro del Hip Hop y como diferentes artistas tienen propuestas opuestas a esa tendencia. Además, es importante señalar como desde la región se han producido estos contenidos y se han articulado ritmos y temas desde diversos espacios socioculturales.

Actividades para el alumnado

Para concluir la actividad se les solicita que escriba en papeles de distintos colores lo siguiente:

1. Lo que aprendió durante la actividad (papel azul)
2. Lo que complementa algún conocimiento que ya tenía sobre el Hip Hop (papel verder)
3. Los temas o aspectos que le gustaron
   (papel amarillo y de preferencia con una valoración númerica en escala del 1 al 10 donde 1 es la nota mínima y 10 la máxima).

4

CRUZ ARMANDO GONZÁLEZ IZAGUIRRE

HIP HOP Y EL USO DEL LENGUAJE

4.1. Introducción

El objetivo del bloque es exponer como las raperas se apropian del lenguaje para transmitir su mensaje y a la vez promueven diversas propuestas feministas. La idea es exponer la diversidad de temáticas que algunas raperas abordan desde su contexto sociocultural tales como la crítica al machismo y a los roles tradicionales de género, la denuncia de la violencia de género, la lucha por el respeto a la diversidad sexual y, finalmente, el empoderamiento de las mujeres a tráves del Hip Hop.

4.2. Lluvia de ideas: imaginemos el Hip Hop feminista (10–15 minutos)

Indicaciones para el personal docente: En este primer ejercicio se busca activar o reactivar conocimientos previos sobre el Hip Hop y el feminismo. El objetivo es discutir las representaciones que se tienen de este género y sus intérpretes. La idea es hacer visibles las representaciones que se tiene del Hip Hop feminista como un punto de inicio para la reflexión. Por ello se le solicita contestar las siguientes preguntas y seguir las indicaciones de la actividad que se muestran a continuación. La persona docente facilitará la actividad indicando un lugar visible (una pared) donde los alumnos puedan colocar sus respuestas.

Indicaciones de la actividad

Aspectos esenciales del proceso de interacción	Forma de socialización	Medios	Explicaciones didácticas
1. Cada estudiante recibe tres hojas de distintos colores y utilizará una hoja para contestar cada una de las preguntas que se le proponen. 2. Después cada estudiante pega sus 3 respuestas en la pared.	Grupal (general)	Hojas de colores, pizarrón y dossier	1. El personal docente favorecerá que el alumnado exprese sus ideas en los papeles de colores. 2. En un segundo momento hará una síntesis de las ideas que los alumnos colocaron en la pared.

Actividades para el alumnado

Contesté las siguientes preguntas atendiendo a las indicaciones del personal docente.

1. ¿Qué ideas le vienen a la mente cuando piensa en Hip Hop feminista?
2. ¿Cuál cree que es el contenido de sus letras?
3. ¿En qué cree que se parece a otros tipos de Hip Hop y en qué es diferente?

4.3. La diversidad del Hip Hop feminista: El Hip Hop feminista como herramienta de empoderamiento (20–30 minutos)

Indicaciones para el personal docente: El objetivo de esta actividad es contrastar los conocimientos previos con una selección de artistas que abordan temas representativos del Hip Hop feministas y de la región. El contraste de los conocimientos previos con dichas propuestas posibilita la reflexión sobre ideas preconcebidas con relación al feminismo y también permite conocer de cerca el trabajo de diversas artistas cuya obra está basada en torno a temas feministas. El análisis de extractos de una selección de entrevistas realizadas a diversas raperas se realizará en equipos de 3–5 personas siguiendo las siguientes indicaciones.

Indicaciones de la actividad

Aspectos esenciales del proceso de interacción	Forma de socialización	Medios	Explicaciones didácticas
1. El alumnado analizará y discutirá las siguientes entrevistas en grupo y luego contestará las preguntas. 2. Los grupos expondrán sus respuestas e interpretaciones.	Grupos de 3–5 personas	Pizarrón y dossier	1. El personal docente sintetizará las respuestas de cada grupo tratando de exponer la diversidad de propuestas feministas de las artistas. 2. El personal docente facilitará la tarea de contrastar las representaciones hechas en la primera actividad (»Lluvia de ideas: imaginemos el Hip Hop feminista«) y las respuestas de esta segunda actividad.

Indicaciones para el alumnado

Lea los extractos de las siguientes entrevistas y después comenten en grupo y respondan las siguientes preguntas:

1. ¿Qué dificultades experimentaron las artistas para convertirse en raperas y cómo han utilizado el Hip Hop para transmitir sus mensajes?
2. ¿Qué temas abordan las artistas en sus obras?
3. ¿En qué se parecen y en qué son diferentes sus experiencias respecto a lo que tú y el grupo contestaron en la actividad anterior?

Krudas Cubensi (Cuba)

Entrevista realizada por Lara Dotson-Renta para The Postcolonialist.[1]

The Postcolonialist: Las Krudas deconstruye los paradigmas de género, y proponen una visión alterna hacia la sexualidad y el cuerpo femenino. ¿Qué aperturas y qué dificultades presenta el rap para la mujer?

Odaymar: Para todas mujeres siempre es un desafío vivir en paz, en esta sociedad machista y misógina ser una mujer rapera dentro de una cultura blanca y popcentrista es más duro aun y ser una lesbiana dentro de la cultura Hip Hop es triplemente duro y al mismo tiempo fortalecedor. Son mucha cosas por las que luchar, que te mantiene viva, vigilante, haciendo la real revolución.

Olivix: El mundo del Hip Hop como el resto del mundo es dominado por hombres y las mujeres debemos ser guerreras siempre en busca de nuestros espacios. Es duro, es agotador tener que estar peleando por algo que nos debería corresponder por derecho propio, pero somos fuertes y decimos no a la victimización. Nuestras ancestras nos enseñaron a pelear por sobrevivir y eso hacemos, el rap es increíblemente apropiado para nuestra expresión antisistémica, no solo en términos de clase, raza y genero sino también con respecto a la elección sexual; podemos rapear con el corazón defendiendo nuestras diferencias, defendiendo nuestros sueños.[2]

1 Foto: Cindy Elizabeth

Text: http://postcolonialist.com/arts/hip-hop-cubano-entrevista-conlas-krudas/

2 Cuando las artistas fueron consultadas sobre su anuencia para participar en la elaboración de los materiales consideraron pertinente agregar a la entrevista lo siguiente: »El mundo del Hip Hop como el resto del mundo es dominado por hombres cis y lxs seres interseccionales debemos ser guerrerxs siempre en la lucha por nuestros espacios y nuestros derechos. Estamos en contra de la opresión del binarismo de género, usamos la x y la neutralidad porque nos reconocemos en las poblaciones doble espíritu, género neutro o no conforme.«

Rebeca Lane (Guatemala)

Rebeca Lane[1]

Entrevista realizada por Andrea Bosch para Revista Pikara.[2]

Revista Píkara: ¿Son la poesía y el rap armas revolucionarias?
Rebeca Lane: Yo empecé a hacer poesía antes de hacer rap. Para mí era como hablar de mi experiencia vital en un país como Guatemala, en un país con una guerra muy reciente, en un país tremendamente machista. Para mí la poesía fue un lugar para sacar esto. Soy hija de la guerra. La indignación, la rabia de un contexto machista, de sufrir la violencia machista, de haber vivido violencia en la pareja ... Cuando empecé a rapear para mí fue como mi cuerpo sacando el dolor. Sucedió que las personas se sintieron identificadas porque también habían vivido una guerra, las mujeres habían vivido el machismo, vivían en el mismo contexto que yo y se identificaron y empecé a entender, al tiempo de estar cantando, que realmente la música tenía un poder especial porque yo estaba hablando de temas, que no se estaban hablando en Guatemala, a través de la música. Cuando me preguntan por qué el rap yo digo más bien que el rap me eligió a mí, el Hip Hop me eligió a mí y no al contrario.

1 Foto: Ion Etxebarria

2 www.pikaramagazine.com/2016/11/rebeca-lane-soy-hija-de-la-guerra/ neutro o no conforme.

Caye Cayejera (Ecuador)

Caye Cayejera[1]

Entrevista realizada por Orlando Canseco para MH RADIO.[2]

MH Radio: Cuéntanos cuanto llevas con este proyecto
Caye Cayejera: ... Llegué de varias maneras al rap, porque ya venía haciendo otras cosas artísticas, más escénicas, pero siempre escuchando rap. Desde ahí empecé a meterme en la escena Hip Hop de Quito, donde yo vivo, más o menos de la gente del Valle, del sur de Quito. Así conocí a otras raperas que me empezaron a invitar porque les gustaban las cosas que yo cantaba, pero era porque yo me desahogaba, no'más ¿cachas?
MH Radio: ¿Qué tanto desahogabas Caye Cayejera?
Caye Cayejera: ¡Ya estoy harta de sentir la mirada súper sexualizada sobre mi cuerpo! A todo rato. Para las mujeres la vida es una convivencia constante con una violencia y una mirada súper horrible y a mí eso me cansó, me dolió, me hizo mierda. Creo que las mujeres vivimos situaciones muy jodidas todo el rato ¿cachas? Desde niñas al rededor de nuestro cuerpo, de nuestra sexualidad, de la constante amenaza de la violación.

1 Foto: Diego Bolaños

2 http://mh-radio.net/caye-cayejera-yo-me-quiero-sanar/

Mare Advertencia Lírika (México)

Mare Advertencia Lírika[1]

1 Foto: Metztli Jimenez

2 www.animalpolitico.com/2015/01/mare-advertencia-lirika-la-activista-zapoteca-que-rapea-por-los-derechos-de-la-m

Entrevista en el portal Animal político.[2]

Mare: »En mis letras hablo de las injusticias sociales, porque también las he vivido desde mi propia experiencia ... Hablo, a veces jugando y otras no, de la situación de violencia que hay en el país, de la corrupción, de la violencia de género. También hablo sobre las políticas públicas de nuestros gobiernos, y sobre la criminalización de las comunidades [indígenas]. En realidad, es complicado decir cuáles son los temas de los que hablo en mi Rap, aunque sí hay algunos que son muy específicos ...« El Rap me ayudó a empoderarme como mujer. Me dio una herramienta, me ayudó a cambiar, a encontrarme a mí misma, a encontrar mi identidad, y a reconstruirme.«

4.4. Resignificando el Hip Hop: »Creo que las manifestaciones humanas alrededor del arte o declaran la hermosura o denuncian las opresiones. (20–30 minutos)

Indicaciones para el personal docente: Una vez analizada la diversidad de perspectivas feministas en el Hip Hop, en esta actividad se busca enfocar con mayor detalle cómo el Hip Hop se ha constituido en un vehículo para transmitir ideas y el empoderamiento de las mujeres. Esto mediante la exposición de la trayectoria de la artista ecuatoriana Caye Cayejera, quien en la entrevista »El Rap es una herramienta que cuenta una realidad«[1] expone como ha ido construyendo su obra alrededor del feminismo y otros temas sensibles en Latinoamérica. El personal docente utilizará de guía las preguntas presentadas al estudiantado para visibilizar este proceso de construcción de la práctica y el discurso feminista desde la región.

Indicaciones de la actividad

Aspectos esenciales del proceso de interacción	Forma de socialización	Medios	Explicaciones didácticas
1. Cada estudiante contestará individualmente las preguntas y después participará de la discusión colectiva	Contestar preguntas de manera individual y participar con todo el grupo	Libreta Y pizarrón	1. La persona docente se encargará de sintetizar las respuestas en el pizarrón y favorecer la discusión de distintas interpretaciones. El objetivo es analizar con mayor detalle la experiencia de una rapera y su obra.

Actividades para el alumnado

Lea la entrevista que se le presenta a continuación y conteste, según su opinión, ¿Qué significan las siguientes frases?:

1. »Pero justo en esos lugares está la resignificación«
2. »En este momento histórico latinoamericano, es necesario el ejercicio de contarnos a nosotras mismas«
3. ¿Cómo entiende Caye Cayejera la lucha feminista desde el Hip Hop?
4. ¿Cúal es tu opinión sobre la entrevista?

[1] https://lalineadefuego.info/2018/03/21/conversando-con-caye-cayejera-el-rap-es-una-herramienta-que-cuenta-una-realidad/

Entrevista

Isabel Salcedo: ¿Cómo fueron tus inicios en el arte musical como instrumento de reivindicación política?

Caye Cayejera: Empecé con la intención de combinar el arte y la posibilidad de construcción política de ciertos mensajes; así inicié con el teatro escénico y la intervención en el espacio público, es decir, a través del performance. En un inicio me conecté con colectivos exclusivamente trans y LGTBI, pero luego fui ubicándome por afinidad en los colectivos más ampliamente feministas. En los últimos tiempos he estado aliada con el emergente y más joven grupo feminista: las abortistas y las lésbico –feministas. Ellas también hacen uso del arte. En los últimos años, me he vinculado con las mujeres amazónicas y los temas petroleros y extractivistas en la Amazonía, para saber lo que está pasando con los pueblos originarios.

IS: ¿Cómo es la búsqueda desde al arte y su expresión hacia afuera?

Ha sido una búsqueda muy personal; yo nunca pensé hacer arte porque me formé para otras cosas. Soy geógrafa de profesión. Siempre me ha gustado la planificación del espacio, el análisis del espacio geopolítico, pero nunca he estado en el lugar exacto de la geografía donde me gustaría estar. El arte escénico empezó como una herramienta súper buena;

hice intervenciones trans callejeras. Durante varios años utilicé diversos nombres. Me asocié a varios colectivos durante las coyunturas cuando se armaban de forma espontánea pero momentánea. Nunca eran procesos prolongados.

IS: ¿Por qué el arte es entendido como algo ›político‹?

CC: Me he apropiado de esta definición de que el arte es político y es política. Creo que las manifestaciones humanas alrededor del arte o declaran la hermosura o denuncian las opresiones. Habitamos un mundo donde se encuentran todos estos patrones de la raza, la clase y el lugar de origen. En muchos casos, el rap que proviene de EE.UU. es muy violento, antimujer: un lugar invadido por patrones muy machistas. Pero justo en esos lugares está la resignificación.

IS: ¿Cuándo comienza tu andadura por el rap?

CC: En algún momento inicié la búsqueda de algo más solitario y de una obra por necesidad. En una ocasión tuve que hacer un montaje sola y usé un rap. Lo mejoré un poco y después de eso empezó a funcionar el tema del rap; me ayudaba a descargarme de un montón de las reflexiones que tenía, reflexiones que eran colectivas y formaban parte de las búsquedas que yo tenía. Poco a poco empecé a meterme en el rap por los micrófonos abiertos. Así surgió Caye Cayejera.

IS: ¿Cómo se apropia Caye Cayejera del Rap?

Me he apropiado del Rap porque, de muchas maneras, es contestatario frente al disciplinamiento y a los cánones musicales. Es una herramienta que puede ser adaptada por las corrientes de lo urbano, de los jóvenes; es una herramienta que cuenta una realidad. Yo uso herramientas del rap, no soy parte de la cultura del Hip Hop, no vengo del gueto, ni me he formado graffiteando, ni haciendo break dance en la calle. Con el rap puedes captar los instantes y plasmarlos en una rima, hacerlo poético y sublime. En este momento histórico latinoamericano, es necesario el ejercicio de contarnos a nosotras mismas. Así lo siento y lo vivo reconociéndome en otras mujeres.

IS: ¿Cuándo hablas de momento histórico latinoamericano a qué te refieres?

CC: Creo que en este momento hay una fortaleza increíble del movimiento feminista en Abya Ayala. Realicé un viaje por Argentina, Chile y Bolivia y he estado vinculada con las redes de mujeres feministas, las jóvenes que trabajan en derechos sexuales y reproductivos tanto en Ecuador como en otros países latinoamericanos. He acompañado a mujeres originarias de varios países de Latinoamérica, luchando por la defensa de sus territorios.

IS: ¿Cómo se organizan las mujeres en el movimiento feminista que mencionas?

Es descomunal lo que las mujeres estamos haciendo al reconocernos iguales en la vulnerabilidad del mundo que nos obligan a vivir. En esta situación de violencia extrema ya no nos ha quedado de otra que organizarnos espontáneamente, volvernos una red gigantesca de solidaridad. Creo que las mujeres hemos sabido poner el hombro en esta red, encontrarnos entre desiguales e iguales. Es un momento clave para que nosotras, como mujeres; inventemos otras categorías como los cuerpos marginados del capitalismo, del patriarcado. Considero que las mujeres sabias, que las abuelas, que los pueblos también están haciendo un gran trabajo con sus comunidades para que los hombres entiendan también desde la espiritualidad otras complementariedades de las mujeres.

IS: ¿Y las demandas del movimiento de mujeres en Ecuador?

CC: La justicia para las mujeres es la deuda más fuerte que tiene el Estado ecuatoriano. Hay una capacidad de impunidad, abuso de poder y conflicto. Es necesario dejar de normar la vida de las mujeres y pensar en qué pasa con ellas. No hay reparación de derechos con las víctimas ni con sus familias.

Existen demandas de mujeres relacionadas con lo laboral, familiar, salud y participación política. Es necesario que nos devuelvan la dignidad humana a las personas con diversidad sexual. Existe una terrible violencia del extractivismo contra la madre naturaleza. La naturaleza es de las representaciones más abarcativas en relación a lo que le pasa a las mujeres; no tiene voz, ni figura legitima, ni se puede defender. »La lucha feminista entendida desde el arte musical pasa desde el acompañamiento a las compañeras más desfavorecidas y desplazadas a »sentirse como iguales«, a elevar las voces en clave femenina en búsqueda de una justicia social que hasta ahora no llega.

4.5. Análisis de letras (20–30 minutos)

Indicaciones para el personal docente: Una vez revisados algunas expresiones significativas del Hip Hop en la región, esta actividad tiene por objetivo analizar el contenido de letras de raperas feministas para discutir como se apropian del lenguaje a través del rap. La selección de letras busca abarcar temas recurrentes en el Hip Hop feminista pero también mostrar la diversidad de temas que están presentes en el género (empoderamiento de las mujeres, respeto a la divesidad sexual, crítica al machismo y denuncia de la violencia de género).

Indicaciones de la actividad

Aspectos esenciales del proceso de interacción	Forma de socialización	Medios	Explicaciones didácticas
1. El alumnado interpretará y completará en grupos las letras de las canciones propuestas. A cada canción le hace falta una estrofa. 2. Una vez que los grupos hayan completado las canciones cada uno escogerá un extracto para presentarlo frente en pleno y explicará su interpretación de la letra y por qué les pareció interesante. 3. los grupos llenarán la tabla sobre los temas recurrentes en el Hip Hop feminista y discutirán a que tema corresponde cada letra y por qué lo consideran así. 4. Después los grupos discutirán en plenaria con ayuda del personal docente sobre la composición de la tabla y contestarán las preguntas de la última sección de la unidad.	grupos de 3–5 personas	Dossier y pizarrón	El objetivo de la actividad es analizar los textos y el uso del lenguaje respecto a temas recurrentes en el Hip Hop feminista. El personal docente ayudará a reflexionar sobre las letras de las canciones haciendo énfasis en los siguientes temas: • Crítica a los roles tradicionales (crítica al machismo) • Denuncia de la violencia de género • respeto a la diversidad sexual • empoderamiento de las mujeres

Actividades para el alumnado

Formen equipos de 3 a 5 personas y lean los siguientes extractos de letras de diferentes raperas. A cada extracto le hace falta una de las siguientes líneas. Recorten cada línea y guíate con las rimas de las canciones para encontrar su lugar correcto (solo una línea no tiene rima).

A	Soy dueña de mis actos voy improvisando
B	el acoso callejero ¡no es piropo! así que pare.
C	y estas muy feliz de lo que tu mismx escogiste,
D	Lo que uno cree saber son solo clichés

1. **Canción: Poderosxs.**
   Autoría: Krudas Cubensi
   Si aun no te has abierto pues dejame decirte,
   ke ya puedes salir del closet si allí te escondiste,
   tenemos derechos tal como creíste
   eres tu quien lo decides y ya tu lo decidiste.
   Ya tu lo hiciste, lo gozaste, lo viviste,

   [ ]

   nadie tiene que odiarte ni juzgarte, ni excluirte,
   tu eres una gran persona y también a ti hay que oirte.
   Es hora de mostrar escondidos amores,
   ya basta de odio basta de dolores,
   Viva el arcoiris con todos sus colores,
   Somos mas semillas y serán mas flores.
   no somo minoria no somo' minoria.

2. **Canción: Libres y Vivas**
   Autoría: Mare advertencia Lirika
   Se bien que te educaron para creer que es
   muy normal
   hostigarme y acosarme, día y noche al caminar,
   por eso vengo a reclamar nuestro lugar en la calle,

   [ ]

3. **Canción: Mujer Lunar**
   Autoría: Rebeca Lane
   Ni dios ni patria ni marido ni partido
   Así es como nací así es como he vivido
   Desde que mamá me parió a este mundo
   Marcaron con rosado el color de mi rumbo
   Pero mamá a mí me gusta el morado
   Me gusta la poesía y la melancolía
   No creo en cuentos de hadas ni en fantasías
   No quiero ser de nadie yo quiero ser mía
   Yo me cuento un cuento cada mañana
   Abrí mis alas huí del paraíso con lilith y niñas malas
   No creo en nadie que arriba esté juzgando

   [ ]

4. **Canción: Pro Homo (Album: Quing, 2010)**
   Autoría: Sookee, Sello discográfico: Springstoff
   (Original)
   Die idee von der ordnung zwischen männern und
   frauen
   Trieft zu sehr vor tradition um drauf länger zu bauen
   identität ist wichtig und alles
   doch das eigene und das andere bergen auch fallen
   was glaubt man zu wissen was sind nur klischees
   die stereotype bahnen sich ihren weg
   (Traducción)
   La idea del orden entre hombres y mujeres
   Está demasiado influida por la tradición
   Como seguir apostando a ella
   La identidad es importante y todo
   Pero lo propio y lo otro también presentan trampas

   [ ]

   Los estereotipos construyen sus caminos

Ya que hayan llenado las líneas faltantes de cada extracto recorta el recuadro de la canción y pégalo en la tabla.

Denuncia de la violencia de género	Respeto a la diversidad sexual
Empoderamiento de las mujeres	**Crítica a los estereotipos de género**

Contesten las siguientes preguntas usando la tabla anterior:
En su opinión ¿qué significan las siguientes frases en el contexto del extracto de la letra?

1. »No quiero ser de nadie yo quiero ser mía«
2. »tú eres una gran persona y también a ti hay que oirte«
3. »por eso vengo a reclamar nuestro lugar en la calle«
4. »Pero lo propio y lo otro también presentan trampas«
5. ¿Qué significa la letra ›x‹ en la frase »y estás muy feliz de lo que tu mismx escogiste«?
6. ¿Qué opina sobre las letras y los temas que las artistas abordan?

4.6. Cierre de actividades (15–20 minutos)

Indicaciones para el personal docente: El objetivo de la última sección es retomar los conocimientos adquiridos o reforzados en el bloque a través de una discusión grupal de los temas abordados y la opinión del alumnado sobre el Hip Hop feminista. Como actividad opcional se propone ver un documental que expone la trayectoria e historia de vida de una rapera feminista que utilizó el Hip Hop como una forma de denuncia social y de incorporación en movimiento sociales en su comunidad.

Indicaciones de la actividad

Aspectos esenciales del proceso de interacción	Forma de socialización	Medios	Explicaciones didácticas
1. El alumnado contestará las siguientes preguntas sobre su percepción del Hip Hop feminista.	Individual	Dossier y pizarrón	El objetivo es reforzar los aprendizajes sobre las formas en que las mujeres se apropian del lenguaje y transmiten mensajes feministas a través del Hip Hop. La persona docente preguntará a manera de cierre a cada participante sobre su percepción sobre el Hip Hop feminista y los conocimientos que ha adquirido en el tema. (opcional: hacer un resumen de una hoja del documental ›Cuando una mujer avanza‹)

Actividades para el alumnado:

Conteste las siguientes preguntas teniendo en cuenta todos los contenidos revisados en este capítulo.

1. ¿Qué cosas nuevas aprendió?
2. ¿Qué ha cambiado y que ha permanecido en su percepción sobre el Hip Hop feminista?
3. ¿Qué opinión tiene sobre el Hip Hop feminista?
4. ¿Cambiaría algunas de las respuestas que pegó en la pared durante la actividad 1?

Actividad opcional: mira el documental ›Cuando Una Mujer Avanza‹ –Mare Advertencia Lirika (manovuelta 2012).[1]

1 www.youtube.com/watch?v=AvVtDcX-C0XU&frags=pl%2Cwn

NICOLE SCHWABE & DENIZ TOPUZ

5

HIP HOP E IMÁGENES[1]

5.1. Introducción

El género del Hip Hop a menudo es reducido de manera equivocada al ›gánster rap‹ masculino. En oposición a este modelo de masculinidad dominante en este tipo de música, el presente apartado revela la diversidad de las identidades de género en el Hip Hop mediante una serie de imágenes. Al mismo tiempo, las imágenes buscan problematizar las ideas socialmente naturalizadas de masculinidad y feminidad y exponer identidades sexuales más allá de la dualidad tradicional de género. En la selección de imágenes, se buscó contraponer y representar lo más posible esta diversidad. El objetivo es estimular una discusión sobre la negociación social del género mediante la confrontación que se hace en el Hip Hop de diversos estereotipos de género.

1 La idea de la presente actividad está basada en el trabajo de Tine Grotey Karina Lange, Personal de capacitación del Informationsbüro Nicaragua e. V.

5.2. Hip Hop en imágenes (20–30 minutos)

Indicaciones para el personal docente: El objetivo de la actividad es enfocarse en el nivel visual y ver ese nivel como la parte central de la interpretación artístico-musical. ¿Qué reflejan las fotos? ¿Cómo nos influencian dichas imágenes? Las asociaciones personales de los participantes constituyen el punto de partida de la reflexión. Quizás algunas de las personas participantes conocen los ejemplos que se van a mostrar y estas impresiones previas pueden marcar su percepción. Por ello, es importante que en esta actividad se omitan a incorporar esos conocimientos en esta primera fase.

Indicaciones de la actividad

Aspectos esenciales del proceso de interacción	Forma de socialización	Medios	Explicaciones didácticas
1. Las imágenes serán distribuidas en el aula. 2. Después se pide a las personas participantes que recorran el espacio de clase y que escriban un adjetivo para cada imagen. Este adjetivo debe tratarse de una primera asociación o un sentimiento al ver la imagen. Durante esta fase no debe haber intercambio de opiniones entre las personas participantes.	Individual	muestra de imágenes	1. El personal docente fomentará que el alumnado se enfoque en el aspecto visual de las imágenes: lo que reflejan o las ideas que evocan desde la perspectiva del alumnado. 2. El personal docente fomentará la reflexión sobre los adjetivos que las personas participantes escribieron.

Actividades para el alumnado

1. La siguiente actividad busca analizar el componente visual del Hip Hop por lo cual se le solicita que recorra el espacio de clases y observe las fotos que han sido distribuidas en ella. Después escriba un adjetivo que se le venga a la mente cuando mire cada imagen.

1

2

3

4

5

6

7

Fuentes del material ›Hip Hop en imágenes‹

1 ›Mykki Blanco Performing in 2017‹ (23.02.2017), Imnotcmjames, Wikimedia Commons: https://commons.wikimedia.org/wiki/File:Mykki_Blanco_Performing_in_2017.jpg (Acceso: 08.10.2018).
2 ›SXTN Spektrum 2016 Wilhelmsburg‹ (14.08.2016), www.flickr.com/photos/politikwerft/28867804962/in/album-72157672334274056/, Wikimedia Commons: https://commons.wikimedia.org/wiki/File:SXTN_Spektrum_2016_by_Politikwerft_Designb%C3%BCro.jpg (Acceso: 05.10.2018).
3 ›Rapper Xzibit, shot in Berlin‹ (16.02.2005), Matti Hillig: www.foto-di-matti.com, Wikimedia Commons: https://commons.wikimedia.org/wiki/File:Xzibit_W.jpg (Acceso: 05.10.2018).
4 ›DJ Derenzon in Studio with son‹ (2002), Mika Väisänen, Wikimedia Commons: https://commons.wikimedia.org/wiki/File:Dj_Derezone.jpg (Acceso: 05.10.2018).
5 ›Sara Hebe‹ (01.12.2014), Wikimedia Commons, https://de.wikipedia.org/wiki/Datei:Sara_Hebe.jpg (Acceso: 05.10.2018).
6 ›Bejarano & Microphone Mafia‹ (25.04.2015), Wikimedia Commons: https://de.wikipedia.org/wiki/Datei:Bejarano_%26_Microphone_Mafia,_70_Joer_Befreiung_vum_Faschismus-105.jpg (Acceso: 20.02.2019).
7 ›Nicki Minaj‹ (28.07.2011), tamtam7683, Wiki Commons: (Acceso: 07.10.2018)

5.3. Mujeres en el Hip Hop (60 minutos)

Indicaciones para el personal docente: A menudo nos encontramos con más hombres que juegan un rol central cuando se trata del Hip Hop. La presente actividad pretende contrarrestar esta percepción y dejar en claro que las mujeres no son una excepción en este tipo de música, ni tampoco forman parte del rap desde hace poco tiempo, sino que han sido parte de la subcultura durante décadas. Los casos de artistas seleccionadas de América y Europa tienen sus propias motivos y razones para hacer Hip Hop y también se han hecho un nombre por sí mismas de maneras muy diferentes en la escena de este género musical. Al examinar cada caso se aclara qué tan diferentes son las mujeres en el Hip Hop. Quizás, sin embargo, también se pueden identificar similitudes. Por ejemplo, las dificultades que implica la discriminación por ser mujer en el Hip Hop.

Indicaciones de la actividad

Aspectos esenciales del proceso de interacción	Forma de socialización	Medios	Explicaciones didácticas
1. Todas las personas participantes reciben una tarjeta de información con una autodescripción[1] ficticia de un rapero y la leen atentamente. 2. En un segundo paso, las personas participantes intercambiarán información entre sí y, por lo tanto, dan a conocer a diferentes mujeres en el Hip Hop. Para ello, se crea un círculo interior y otro exterior de sillas (o dos círculos con las personas de pie). Es importante que cada persona del círculo interno quede de frente a una persona del círculo externo esté sentada o de pie. 3. Las personas participantes tienen 3 minutos para intercambiar información con la persona del círculo opuesto. Luego las personas rotan el círculo hacia un lado (izquierda o derecha) y repiten la actividad hasta que cada persona se haya entrevistado con las demás del círculo opuesto. En grupos grandes se pueden duplicar las tarjetas de información. Luego se pueden discutir las siguientes preguntas con todo el grupo.	grupal	Tarjetas informativas	El personal docente fomentará la exposición de la diversidad de mujeres que participan en el Hip Hop. Aunque también deben identificarse similitudes como por ejemplo los conflictos y dificultades a los cuales tienen que hacer frente desde su propio papel como mujer en el Hip Hop.

Actividades para el alumnado

Después de haber concluido la actividad de intercambio de información sobre diversas raperas, conteste las siguientes preguntas de manera individual y participe de las actividades grupales que proponga el personal docente.

1. ¿Qué similitudes o diferencias has notado con respecto a los puntos de vista y las motivaciones de las artistas?
2. ¿Hay algo que conecta o relaciona a las mujeres en el Hip Hop?
3. ¿Hay algún aspecto que haya notado como puntos de vistas que te asombraron, te disgustaron o te gustaron?

1 La información de esta actividad es una autodescripción ficticia por lo cual dicha autodescripción no representa en ningún caso la perspectiva de las personas que son representadas a través de los textos aquí presentados. Los textos fueron elaborados por las personas encargadas de la redacción del capítulo y están basadas en datos que ellas recabaron.

Ana Tijoux

Primer albúm solista: ›Kaos‹ 2007
Lugar de inicio de su carrera artística: Chile

Mi nombre es Anamaría Merino Tijoux. Soy una rapera franco-chilena y antes de mi carrera en solitario formé parte de la banda ›Makiza‹. Tengo dos hijos, pero la pregunta de cómo conciliar la vida de músico y madre me molesta mucho. A un hombre nunca se le pregunta cómo puede organizar su vida como padre y como músico. Para mí es importante darle voz a la calle. La música es una forma de arte libre en respuesta al paso del capitalismo y las tendencias fascistas.

Taiga Trece

Primer album: ›La Cholemana‹ 2015
Lugar de inicio de su carrera artística: Mexico

Soy Taiga Trece y vivo tanto en Munich como en la Ciudad de México. Siento que pertenezco a ambos lugares. Para mí el rap es un puente por eso uso ambos idiomas en la música. Se trata de encontrar identidad, pertenencia y autoafirmación, supervivencia y lucha. Para mí la comunidad y mis amigos son importantes. No pienso mucho en el lenguaje soez, los autos grandes o la persecución, pero tampoco me gusta insistir en la corrección política todo el tiempo. En lo que respecta al papel de las mujeres en el Hip Hop, he encontrado que son más aceptadas en México que en Alemania.

Imagen: Ana Tijoux (23.05.2009), Felipe Cantillana, flickr/Wikimedia Commons: https://upload.wikimedia.org/wikipedia/commons/f/f4/Anita_tijoux.jpg (Acceso: 15.10.2018).

Imagen: Taiga Trece (22.01.2014), Nils Schwarz, Wikimedia Commons: https://commons.wikimedia.org/wiki/File:TaigaTrece_2%C2%A9Nils_Schwarz.jpg (Acceso: 15.10.2018).

Imagen: Rebeca Lane (12.12.2015), Paula Morales, Wikimedia Commons: https://commons.wikimedia.org/wiki/File:Rebeca_Lane.jpg (Acceso: 15.10.2018).

Imagen: Actitud María Marta (31.08.2013), Cultura de Red, flickr/Wikimedia Commons: https://commons.wikimedia.org/wiki/File:Actitud_maria_marta_flickr.jpg (Acceso: 15.10.2018).

Rebeca Lane

Primer albúm: ›Canto‹ 2013
Lugar de inicio de su carrera artística: Guatemala

Soy Rebeca Eunice Vargas Tamayac. Me asumo como una rapera feminista. Mi objetivo es crear espacios para el Hip Hop femenino, y con mi música oponerme a la violencia contra las mujeres. A través de mi música, quiero animar a las mujeres a que se empoderen. Estoy muy interesada en contrarrestar la desigualdad y la violencia en mi país. Por eso he estado políticamente activa desde mi juventud.

Actitud María Marta

Primer album: ›Acorralar a la bestia‹ 1996
Lugar de inicio de su carrera artística: Argentina

Somos Actitud María Marta de Argentina, más precisamente de la capital, Buenos Aires. Hemos estado musicalmente activas en el Hip Hop desde 1995. Para nosotras la música es la forma más efectiva de llegar a las personas. Llevamos muchos años haciendo campaña por los Derechos Humanos y el procesamiento de la dictadura militar argentina. Para nosotras es muy importante que las personas se comprometan políticamente. En América Latina somos muy conocidas porque, siendo mujeres, aparecimos muy temprano en la escena del Hip Hop. En ese momento no había tantas mujeres en el Hip Hop como en la actualidad.

Imagen: Portrait von Sookee (Nora Hantzsch) (02.09.2010), Mario Thieme, Wikimedia Commons: https://de.wikipedia.org/wiki/Sookee#/media/File:Sookee.jpg (Acceso: 15.10.2018).

Imagen: Carolin Kebekus beim Comedypreis 2016 (25.10.2016), 9EkieraM1, Wikimedia Commons: https://commons.wikimedia.org/wiki/File:Carolin_Kebekus.jpg (Acceso: 15.10.2018).

Imagen: Tic Tac Toe beim Fanclubtreffen (2005), CHR!S, Wikimedia Commons: https://commons.wikimedia.org/wiki/File:Tictactoe-fctreffen2005.jpg (Acceso: 15.10.2018).

Imagen: Yasmo bei der Verleihung der Amadeus Austrian Music Awards 2018 im Volkstheater in Wien (26.04.2018), Manfred Werner (Tsui), Wikimedia Commons: https://de.wikipedia.org/wiki/Yasmin_Hafedh#/media/File:Yasmo_Amadeus_Awards_2018_a.jpg (Acceso: 15.10.2018).

Sookee

Primer album: ›Kopf Herz Arsch‹ 2006
Lugar de inicio de su carrera artística: Alemania

Soy Sookee, o también conocida como Quing de Berlín. Como artista lucho activamente contra la homofobia y el sexismo. No solo en el Hip Hop, sino en la sociedad en general, pues se sigue sin aceptar a las personas que no encajan en el clásico ›esquema hombre-mujer‹. Por eso me llamaría una feminista queer. Tampoco me agrada el racismo y el antisemitismo y me preocupa que los movimientos de derecha en Alemania sean cada vez más fuertes. Como no me gusta el ajetreo y el bullicio del Hip Hop, empecé a buscar mi propio nicho y tuve mucho éxito con él.

Carolin Kebekus

Primer album: ›Ghetto Kabarett‹ 2011
Lugar de inicio de su carrera artística: Alemania

Soy Carolin Kebekus e interpreto a manera de sátira el papel de una ›mujer asiática‹ en el Hip Hop. Me gusta centrar mi atención en las personas que utlizan los perros y los carros grandes para mostrarse como un gángster. No quiero ser la típica mujer, así que asumo un rol masculino y hago rap sobre cosas que solo los hombres suelen decir. Así es como invierto los papeles yretomo los temas que ellos abordan. Políticamente, siempre he estado comprometida con la diversidad y me posiciono claramente en contra de la derecha.

Tic Tac Toe

Primer album: ›Tic Tac Toe‹ 1996
Lugar de inicio de su carrera artística: Alemania

Somos la banda de Hip Hop Tic Tac Toe. Las personas un poco mayores seguramente nos conocerán. En la década de los noventa, éramos muy conocidas en el rap alemán y llamábamos la atención a través de nuestras letras provocativas y, a veces, expresiones obscenas. Queríamos provocar deliberadamente a la gente. En nuestras canciones rapeamos contra los ideales de belleza femenina y las imágenes clásicas de las mujeres. La mayoría de la gente probablemente nos llama atrevidas. Eso nos gusta mucho.

Yasmo

Primer album: ›Keep it realistisch‹ 2011
Lugar de inicio de su carrera artística: Austria

Mi nombre es Yasmin Hafedh. Intento usar mi música para difundir el amor en lugar del odio. Es importante para mí mantener los pies en el piso. La discusión sobre los roles de género me molesta un poco y trato de evitarla si es posible. Solo debes hacer lo que te parezca. No puedo tomar en serio a las personas que pretenden ser un rapero duro. Eso es todo actuado. En lugar de mostrarte ›buena onda‹, me parece más importante poder respetarte y defenderte. Es importante para mí dar este coraje y confianza en sí mismas a otras personas.

Miss Platnum

**Primer album de Hip Hop: ›Chefa‹ 2007
Lugar de inicio de su carrera artística: Alemania y Rumania**

Soy Miss Platnum, e insto a la gente con mi música para que sea diferente. Me opongo a las convenciones y expectativas que se nos proponen a las mujeres. Por eso me gusta cambiar esos roles. En lugar de mirar a los demás y cumplir con las expectativas sociales, prefiero mirar lo que me hace feliz. Esto incluye que no permito que me dicten qué y cuánto tengo que comer. Por encima de todo, con mi música quiero llegar a las personas que la escuchan y confrontarlarlas con ella, y no solo que la escuchen a la ligera.

Roxanne Shanté

**Primer sencillo: ›Roxanne's Revenge‹ 1984
(Primer album solista: ›Bad Sister‹ 1989)
Lugar de inicio de su carrera artística: Estados Unidos**

Mi nombre es Lolita Shante Gooden. Lancé mi primer sencillo cuando tenía 14 años. Yo era muy joven en aquel tiempo. Para mi esa fue una manera de comunicarme y contar una historia. Por supuesto, no fue tan fácil consolidarme en la escena. Tuve que mostrar fortaleza y demostrar mi talento entre los hombres. En retrospectiva, creo que el esfuerzo ha dado sus frutos y que mi trabajo también ha ayudado a fortalecer a otras mujeres y a darles una voz propia.

Imagen: Miss Platnum bei einem Konzert im ›Boule Noire‹ (27.12.2009), Fjludo, flickr/Wikimedia Commons: https://commons.wikimedia.org/wiki/File:Miss_Platnum.jpg (Acceso: 15.10.2018).

Imagen: Roxanne Shante at 2016 Juice Crew Reunion (BB Kings NYC) (29.12.2016), flickr/fuseboxradio, Wikimedia Commons: https://en.wikipedia.org/wiki/Roxanne_Shante#/media/File:Roxanne_Shante.jpg (Acceso: 15.10.2018).

Imagen: Beyoncé Knowles performing ›Listen‹ during ›The Beyoncé Experience‹ in Munich, Bavaria (07.05.2007), Jen Keys, Wikimedia Commons: https://commons.wikimedia.org/wiki/File:Beyonce.jpg (Acceso: 15.10.2018).

Imagen: Nicki Minaj Launches Pink Friday Perfume 2012 – Sydney, Australia (29.11.2012), Eva Rinaldi, Wikimedia Commons: https://commons.wikimedia.org/wiki/File:Nicki_Minaj_3,_2012.jpg (Acceso: 15.10.2018).

Beyoncé

Primer album solista: ›Dangerously in Love‹ 2003, Lugar de inicio de su carrera artística: Estados Unidos

Soy Beyoncé y antes de iniciar mi carrera como solista formé parte del grupo ›Destiny's Child‹. A pesar de que hoy en día la palabra ›feminista‹ es considerada a menudo de forma negativa, todavía me considero como tal, ya que creo que no tiene nada que ver con que los hombres estén en una posición inferior. Para mí es importante conseguir la igualdad y estoy comprometida con la emancipación.

Nicki Minaj

**Primer album: ›Pink Friday‹ 2010
Lugar de inicio de su carrera artística: Estados Unidos**

Soy Nicki Minaj y actúo de acuerdo con el lema ›Valorar el cuerpo propio‹. Me gusta presentarme de forma atrevida o sexy, incluso si molesta a algunas personas. Para mí eso no significa que me someta a los hombres. Las mujeres deben ser conscientes de que valen mucho y no pueden ser molestadas si son consideradas arrogantes por su forma de actuar. Me presento tal como quiero! En lo que se refiere a la desnudez, existe un doble estándar bajo el cual algunas mujeres ›pueden‹ hacerlo pero a otras se llaman prostitutas.

Imagen: Cropped photograph of K.Flay at House Of Blues Anaheim in December 2015 (10.12.2015), flickr/ Justin Higuchi, Wikimedia Commons: https://commons.wikimedia.org/wiki/File:K_Flay_2015.jpg (Acceso: 15.10.2018).

Imagen: Missy Elliot (2015) Atlantic Records, Wikimedia Commons: https://commons.wikimedia.org/wiki/File:Missy_Elliot.jpg (Acceso: 15.10.2018).

K.Flay

Primer album: ›Life as a Dog‹ 2014
Lugar de inicio de su carrera artística: Estados Unidos

Mi nombre es Kristine Flaherty y hasta ahora me he dado cuenta que los hombres, pero ante todo las mujeres en la industria de la música, están siendo presionados para que se presenten como personas atrevidas y atractivas. Está bien que haya cantantes femeninas de Hip Hop que cantan sobre tener relaciones sexuales, pero otros temas también tienen que ser considerados. Cada persona debe estar muy atenta a lo que está sucediendo en la sociedad y repensar críticamente lo que está ocurriendo. Por ejemplo, a las mujeres se les dan pautas muy estrictas sobre cómo deben moldear sus vidas.

Missy Elliott

Primer album: ›Supa Dupa Fly‹ 1997
Lugar de inicio de su carrera artística: Estados Unidos

Mi nombre es Missy Elliot y es importante para mí no sexualizarme en el Hip Hop, por lo cual me enfoco en mi desempeño. Como mujer, quiero ser respetada en la industria y para ello tengo que ser independiente y fuerte. Como artista, siempre he tratado de diferenciarme de los temas habituales y hacer mis propias cosas. Es aburrido cuando todas las canciones suenan igual en la radio por eso intento sobresalir de alguna forma y encontrar mi propio estilo.

NAKURY Y REBECA LANE

6

¡LA MÚSICA ES PARA TODXS!: TUTORIAL DE RAP

6.1.

Introducción

El Tutorial de Rap se encuentra en el canal de YouTube ›Somos Guerreras‹ www.youtube.com/playlist?list=PLEZz7X_lvZrwFI_kJPAjZJo07d-ZoZYuNA

Este último capítulo consiste en una serie de videos con 6 capítulos que interconectan mucho de los contenidos vistos en las secciones anteriores del presente material. El primer capítulo contextualiza la importancia del Hip Hop como un vehículo para la denuncia y concientización sobre el impacto de la violencia de género. En el video se expone como el Rap sirve de caja de resonancia para las voces de miles de jóvenes que desde distintos contextos socioculturales expresan sus luchas y se apropian del lenguaje y diversos espacios en sus comunidades. Estas apropiaciones y usos del Rap sirven para incidir en la erradicación de diversas formas de violencia, entre ellas la violencia de género. El segundo video refuerza el recorrido histórico hecho en el primer capítulo de los materiales y muestra una breve historia del Rap, exponiendo los principales aspectos que le componen. El tercer capítulo amplia este recorrido histórico introduciendo la influencia del Spoken word y la música africana en el Rap.

Habiendo establecido el contexto del rap en la región, su recorrido histórico y diversos géneros que le han enriquecido, los videos restantes tienen un enfoque más práctico y están encaminados a invitar al estudiantado a elaborar un rap propio. Específicamente, el cuarto video introduce términos y ejericios básicos de ritmo involucrando el movimiento y la percepción del ritmo en el cuerpo lo cual se conecta con los temas vistos en el capítulo de sexismo y contracultura. Una vez abordado los elementos básicos del ritmo, el quinto video desarrolla una propuesta y una serie de ejercicios para escribir un rap propio. Finalmente, el sexto video reflexiona sobre el sexismo y el machismo en el Hip Hop y como este género musical puede ser una herramienta a tráves de la cual las mujeres se pueden empoderar para críticar estereotipos de género que legitiman diversas formas de violencia; esto refuerza los contenidos propuestos en el apartado previo de los materiales sobre el uso del lenguaje como una herramiento de empoderamiento. Los videos son de cáracter interactivo y están pensados para que el estudiantado realice tareas con el objeto de aproximarse de forma muy intuitiva y práctica al proceso de elaboración de un rap.

6.2. Actividades para la parte teórica de los videos

Duración de la actividad: Actividad de cierre de los materiales (puede realizarse como tarea final o tarea para reforzar globalmente los contenidos de todos los módulos)

Indicaciones para el personal docente: Esta última actividad tiene por objetivo reforzar de manera general los contenidos revisados en cada uno de los capítulos. Esta actividad busca fomentar el autoaprendizaje en el alumnado desde un enfoque interactivo y por ello el personal docente debe motivar el desarrollo de este enfoque. Una estrategia que se puede implementar es dejar que el alumnado realice las actividades del módulo como tareas de casa y revisar las respuestas en sesiones posteriores.

Actividades para el alumnado

Completa los siguientes ejercicios tras ver los videos sobre Hip Hop.
Video 1: Presentación o Introducción ›Qué es el Hip Hop?‹
Ejercicio No. 1. Conteste las siguientes preguntas:

- ¿Qué dificultades experimentaron para convertirse en raperas y cómo han utilizado el Hip Hop para transmitir sus mensajes?
- ¿Qué temas abordan las artistas en sus obras?

Video 2: Breve historia del rap y del Hip Hop
Ejercicio No. 2. Explique en un texto breve cómo llegó el rap y el Hip Hop a su país y comunidad, qué elementos se practican, quiénes empezaron, cómo es en la actualidad. Si no lo sabe, es un buen punto de partida para investigar y aprender más. Comente que similitudes y diferencias hay en la llegada del hip hop a su comunidad con las perspectivas que las raperas comparten en el video.
Ejercicio No. 3. En los comentarios de los videos nombre a las mujeres en la historia del Hip Hop en tu país o región. Si no les conoce, puede investigar y buscar en internet u otros medios.
Video 3: Influencia africana en el rap y Spoken Word
Ejercicio No. 4. Después de ver el video conteste las siguientes preguntas y haga un breve escrito resumiendo las respuestas:

1. ¿Qué son las tradiciones orales y cuál es la importancia de las tradiciones orales en la memoria histórica de los pueblos?
2. ¿Cuáles son las tradiciones orales africanas que aún perviven en los pueblos afrodescendientes de la diáspora en América Latina?
3. ¿Cuáles de estas tradiciones africanas influyeron el Hip Hop y continúan practicándose?

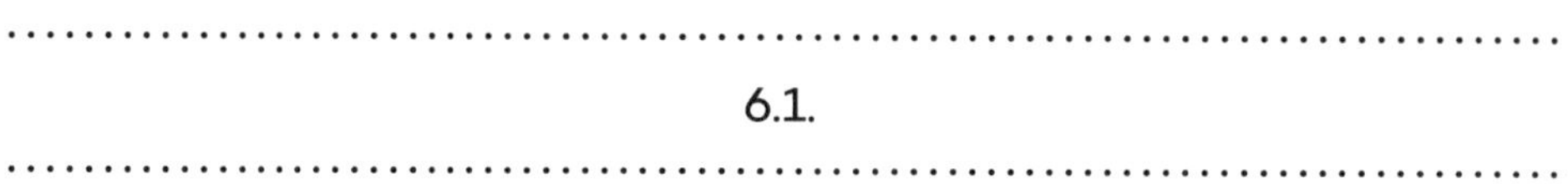

6.1.

Actividades para la parte práctica de los videos

Video 4: Aprendiendo sobre ritmo
Actividad No. 4. Realice los ejercicios descritos en el video sobre el ritmo base en el Hip Hop y comente en el video que le parecieron los ejercicios, que le gustó de la actividad y que le pareció complicado.
Video 5: Escribir un tema de rap
Actividad No. 5. Realice los ejercicios descritos en el video sobre escribir un tema de rap y comente en el video que le parecieron los ejercicios, que le gustó de la actividad y que le pareció complicado.
Video 6: Combatiendo el machismo en el rap
Actividad No. 6. Vea el video y escriba un texto sobre con su opinión sobre este video en particular y sobre la serie de videos en general.